27 De Diciembre de 2022

La Soledad

Al escuchar la palabra soledad a muchas personas les crea pánico, teniendo miedo a vivir solos (sin pareja), convirtiendo el sentir en la fobia más grande de muchos.

La soledad según el punto de vista de quién lo viva, para unos es tranquilidad, paz y un tiempo de reflexión, esperando con tranquilidad que llegue un nuevo comienzo a una nueva relación. Aprendiendo a vivir con ellos mismos, así luego poder dar paso a que llegue la persona indicada, sin forzar a que llegue por necesidad.

La soledad para otros es un terrible momento donde todos evitan estar, creando pánico en sus sentimientos, mentes y mucho más. Con el miedo a enfrentarse mentalmente al silencio, la soledad del vivir y por no saber lidiar con la ausencia de un ser amado. Son esos que corren a los brazos de la primera persona que tienen índice de algo con ellos, llegando a una relación a ciegas, sin saber si funcionará o no, sin conocer bien con quien comparten. Llevándolos a un ciclo mortal de DESAMOR, llevándolos más allá de tener fracasos interminables, a fracasar como personas en el amor propio.

No digo que siempre sea el caso de los fracasos, solo que un alto porcentaje de las personas que no manejan la soledad y buscan refugio en otra, terminan en el fracaso constante.

La soledad es un momento para conocerse, comprender que es bueno para mí y que no, en darle tiempo a la persona que desea una relación, conociendo de a poco, compenetrando emocionalmente en la relación.

*No corran solo porque se sientan sol@s. Disfruten la soledad, aprendan a vivir para ustedes, luego vivirán en conjunto con otro ser.

Al Otro Lado Del Dolor

Por **Doel Martínez**

Introducción

Entre conversaciones y temas dados a la sal. Surgen pensamientos entrecruzados, los cuales las narraciones de horror de mujeres que se acercan, llena de tristeza mis emociones, a consecuencia, influyen en la creación de esta historia, intentando llevar la realidad de una mujer. Historias en que el hombre que escogen como compañeros de vida les dan una vida de terror. Entre amor y desilusiones, llevan a una mujer a aguantar el dolor emocional y en ocasiones físicos por esa persona en que confiaron sus sentimientos.

Ese dolor se trasmitía en las voces, letras y expresiones, la cuales llevaron a crear esta historia. Una historia que lleva piscolabis de dolor y vida de narraciones escuchadas, la realidad de muchas y la incredulidad de pocas.

Mi curiosidad como escritor me llevo a crear en mi mente cada escena, momento y envolverme en ese dolor que no he vivido. Llevan en mis sentimientos como seria vivir en ese estado emocional de dolor emocional en donde un ser que se ama puede ser el mismo causante del dolor.

Como llegar a los brazos de una persona que al final de la relación crea dolor y amargura. Llevando a un ser que vive con amor a odiar, a sufrir y tener la mente divagando.

Por otro lado, veo como la misma sociedad influye en las personas, empujándolos a fingir que la relación está bien frente al mundo y en la intimidad llevan un caos extremo. Aguantando todo por el quedaran, o por otro lado como el aprendizaje de la vida crea una mentira propia donde creen que la persona que vive a su lado algún día puede cambia, viviendo la ilusión que las lleva a sufrir cada día más.

Y una de las peores historias que he escuchar cuando pregunto porque no dio por terminado antes la relación es; Porque el mismo machismo implementado en la mujer las llevan a decir que ese actor que crea el hombre que aman es normal y que ellas como mujer deben tolerarlo. En un momento donde la igualdad de género es inexistente y la misma mujer se martiriza con el pensar que es hombre y ella debe ser sus sumisa. Un pensamiento que constantemente a llegado a mí.

Esta no es basada en ninguna y creada por mí, pero es inspirada en toda esa mujer que llego al maltrato emocional por un amor que no es correspondido en la realidad lo que es amar y amarnos.

Una historia en caos como la mente de cualquier persona. Dando vueltas en la historia, que lleva al pasado que sucedido y al presente que se va viviendo. No tomes lucha en llevar la línea del tiempo, ya que la línea del tiempo de esta historia es un caos que va creándose mientras vive la mente de una persona que sufrió y supero. La mente que nos lleva al pasado vivido y al presente que se va viviendo, a un dolor que se marcó a una superación que llena de experiencia.

Tu que vas a leer esta historia, busca el fondo de esta, omitiendo el orden en que se narra o se crea, solo disfruta cada momento como tuyo y analiza la realidad de la vida en que se puede vivir estos sucesos con diferentes personajes.

Capítulo 1

Al final del dolor, Rozzana vuelve a ser ella. Hubo un momento en que ese llamado amor le destrozó la vida, esa mentira que ya caducó en el nombre del amor propio se extinguió en la fortaleza mental que tuvo en el momento idóneo para terminar la dolorosa relación. Viviendo momentos fuertes en que un ser humano carga el peso del dolor, tanto como fue marcado en el nombre del amor que fue llevado con mentiras de un ser inescrupuloso y yoista. Nunca se imaginó que una persona enamorada puede llegar a pensar que un amor pueda causarle tanto daño emocional y carnal, para al final de ese dolor poder llegar con el tiempo a olvidar, pasando días, meses y años, intentando salir del maltrato causado por esa persona que mintió en el nombre del amor.

Reozzana, vive cada día intentando no pensar en ese pasado que se ha cruzado hasta el momento en que cierra los ojos bajo la ducha. El espejo se empaña con el calor que emana del agua que sale de la ducha y llena de calidez la piel al contacto. Un baño de tranquilidad, un momento íntimo en que limpia las impurezas de su cuerpo, mientras que por su mente pasan imágenes repentinamente de su pasado.

Golpes, maltratos, y el peor dolor que penetra la menta que van tras tocando las emociones con palabras y letras. Imágenes que en un pasado fueron el presente y en este presente es un dolor solo visto en la mente de ella.

Después de mucho tiempo, logra sobrellevar el dolor, sintiendo paz, depurando su pasado como depura su piel bajo el agua cálida. El vapor corre a su alrededor junto a los malditos pensamientos que van y vienen. Recuerdos de momentos de su pasado cuando cayó, y depura esos pensamientos con la fortaleza en que renació de nuevo para ser una nueva "ROZZANA".

Toma la toalla y la pasa con tranquilidad por su piel. Secando cada rincón mientras evita pensar, para así terminar enrollando alrededor de su cuerpo, para así resguardarse del frío y su desnudes. Escucha de fondo la música proveniente de la televisión que se encuentra posada en la pared de su sala con su canción favorita reconociendo el sonido, llevando por título;

"POR TU CULPA".

Sujeta la toalla mientras camina del baño a su habitación. Tira pasos con cuidado, el suelo resbala bajo sus pies, sin apuros toma el teléfono, solo es el timbre de la alarma que estuvo sonando mientras tomaba un baño. Al despertar antes de lo previsto con ánimos de disfrutar un nuevo día, esperando sus logros y un nuevo paso por lograr en su trabajo, el complemento esperado en su nueva vida, empoderada, plena y luchadora.

Antes de llegar a este momento, vivió un calvario en nombre del amor, sufrimiento que tronchó mucho su vida y la tenía detenida en una relación de mentira. Vivió el engaño, la manipulación junto a la ilusión de que todo era perfecto. Dejando quién era ella, quien quería ser y dejando todo atrás por amor a un amor que la llevó a sufrir.

Hoy, se siente ella, el orgullo que dejó y le mostró con dolor como es el amor. Sin dejar de creer en el sentir, continuó viviendo, superando el tropiezo que una vez le llamaba amor y hoy es un sentimiento inexistente. Vive para ella, se ama como nunca, trazando su vida a nuevas metas, logros y por supuesto; sin cerrarse al amor, en la próxima ocasión en que llegue ese amor para ella, amará con los pies bien puestos en la tierra.

El aroma de la mañana suavemente va posándose en su nariz, disfruta el rico aroma amargo del café cálido marcando en el ambiente, calienta los pensamientos y su alma. Toma la taza, frente a los ojos el vapor le deja saber que tan caliente está. Dando el primer sorbo le recordó un momento amargo de su pasado. Un amor que lleno de ilusión su alma y su corazón. En cada sorbo de amargo sabor no se compara a la amargura que le mostró la vida. Un comienzo dulce que se refleja en el azúcar y el comienzo de una hermosa relación. Imágenes bellas de un hombre que va endulzando sus oídos En cada pizca que introduce en el café, refleja la pizca de sinceridad inmutable de ese hombre. Ilusionando su mente desde el día cero, calentando su corazón con la chispa del fuego, Introduciendo a cuestas el amor.

El momento en que volvió a dar otro sorbo, sintió la calidez en la nariz, sintiendo la amargura difuminada en el aire. Pensado como un café puede ser endulzado, siendo amargo y seguimos tomándolo con el engaño endulzado por el azúcar. Da un cálido sorbo, sintiendo un delicioso café amargo que fue apaciguado por la dulzura del azúcar. Comparando el amor de aquel hombre que no distingue lo amargo que sería su vida junto a él, ya que endulzaba su putrefacta persona en azúcar de mentiras.

- "Jamás sabremos, qué tan rico o qué tan malo es el café, hasta que lo probamos. Intentamos endulzar su amargura con azúcar de amor a un ser que solo causa dolor." -

Un pensamiento que se revela entre sorbos cálidos, que le da pensamientos en ese momento en que fue tratando a un ser que maltrato y marchito una vez su corazón. Inhala con suavidad, exhala con tranquilidad, sintiendo el palpitar del corazón que le dice;

- "AL FIN, TRANQUILIDAD." -

Capítulo 2

Cuando Rozzana conoció a ese hombre, se encontraba sola con ella dominando el mundo que tenía a sus pies. Una profesional que cargan en su espalda la aspiración y deseos de vivir no solo del triunfo laboral, también en lo sentimental. Vivía un día a la vez sin perder el enfoque, daba pasos fuertes en los senderos de lo planeado por en para que fuera parte de la vida, recopilando logros, teniendo triunfos en un mundo escarpado y lleno de maldad. Un mundo donde a la mujer se le ponen tropiezos solo por ser mujer. Un lugar hostil para ellas en que los hombres dicen que las mujeres están libres a viva voz y en silencio llevan el machismo escondido detrás de caretas que llevan como las sombras se esconden en la oscuridad de la noche, llevando la opresión e impidiendo que logren ser empoderadas y amadas de corazón.

En el presente, Rozzana ha estado perseverando, luchando contra el machismo silencioso. Empoderada contra el mundo masculino. Por otro lado; tratando como iguales y no pisoteando como ellos. Ella lucha por ella, sin tener la maldad de hacer daño a otros, así ellos quieran hacerle daño a ella.

Antes del dolor, un hombre llegó, lleno de ilusiones su mente, mostró una máscara aprendida con maldad, logrando llegar a Rozzana, enamoró sus ojos, enamoró su corazón y llegó hasta el alma. Al principio ella no notaba el mal que caminaba a su lado. Él supo cómo mantener el control, de poco a poco controlarla con supremacía. Quitándole en silencio sus logros, primero su libertad, luego jugando con su mente, su lealtad y por último sus triunfos.

En un sorbo cálido, largo, amargo y dulce, Rozzana exclama entre susurros al borde de la taza, esparciendo el vapor que calienta sus labios;

- "¡Qué estúpida fui!" -

Recordando lo que permitió por amor. Comprendía que él tenía la culpa de muchas cosas, también dedujo que ella tuvo parte de la culpa por permitirle dejar lo que ella era por amor. Divagando en el momento, unos cuantos minutos después de pensar volvió a dar un sorbo. Esta vez por el tiempo en que no tomo, sintió el trago amargo y cálido, comparando el café con su pasado, comentó para ella;

- "Mi relación fue como este café." -

Observo la taza, sintiendo la calidez entre sus dedos, mirando el contenido de color oscuro del café, reflejando su rostro que en su mirada lee sus pensamientos;

- "Al principio que olía el café en el ambiente, se sentía rico, con un olor achocolatado. Luego, cuando lo probé, se sentía amargo. Intente endulzarlo para poder tomarlo y disfrutarlo, disimulando la amargura con la ironía de mis ilusiones, pensando que él cambiaría." -

Posa la taza en la mesa, se sienta a observar desde un extremo, se ríe por lo pensado y en voz alta;

- "Fue una estúpida ilusión. Así como disimulo el sabor amargo de este maldito y delicioso café. Disimule en mi mente la verdad visible de ese maldito." -

Extendió la mano, media sonrisa frente a la taza que con un poco de vapor dejaba notar la calidez que lleva el líquido amargo y disimulado del café. Tomando otro trago, cálido, amargo y un poco asqueroso, el azúcar cayó al fondo y el paladar lo notó, se le olvidó revolver el azúcar con el café. Vuelve a dejar el café en la mesa, toma una cuchara y mientras mueve el café, su mente divaga. Minutos que pasaron sin que se diera cuenta y el café va enfriándose en la mesa. Entre risas, pensamientos y evaluando su estar en ese momento, el café llegó a la amargura de la frialdad. Toma la taza, acercándose a su rostro, los labios al posarse sienten el frío, siente el olor amargo, sin importar da ese sorbo que llegó a su paladar. Cierra los ojos mostrando asco, ignorando el mensaje del paladar, da uno y dos tragos para ir terminando el contenido de la taza. Ríe nuevamente, comprende la comparación de ese frío café en su paladar;

- "Así fue la mayor parte de mis últimos días de mi relación con él, un pequeño tiempo después de la calidez de la relación llegó a la amargura de la frialdad de un mentiroso amor. Amargo, ácido, y un poco desagradable. Fui ignorante al continuar con la ilusión. Volviendo a tomar una y otra vez los tragos fríos de esa relación. Torturándome todo ese tiempo con la ilusión de que él cambiaría." -

Mira el fondo de la taza, notando que quedan varios sorbos de café, lo deja a un lado, sin dejar de observar la taza, sigue hablando para ella;

- "Un tiempo intenté dejar a un lado mi relación, por una ilusión. Sin importar que ya había terminado, esa ilusión permaneció, no comprendía porque después de esa rotura, continuaba con esa mentalidad. Buscaba en mi mente volver a dar un nuevo sorbo, a sabiendas de lo que me sucedería. Amargar mi vida, destrozar mi corazón y torturándome por un amor irreal, donde dejaría de luchar por mí y darle el gusto a un ser inescrupuloso a someterme a él." -

Toma la taza, vaciando el contenido en el fregadero, donde cae con fuerzas, derramando la amargura y frialdad del café en el desagua. Al soltar la taza desde varias pulgadas de altura, queriendo romperla como se quebrando su corazón por amor y por un maldito hombre que quebró sus sentimientos. La taza no se quebró, pero si sonó fuerte, por encima de la música se escuchó el golpe dado por la taza al metal. Un coraje reflejado en ella, por la estupidez de su pasado. Un coraje innecesario, siendo una tonta en el presente que ya dejó de ser esa que un día fue; Una mujer ilusa, confiada y dada.

- "Hoy soy otra, no vuelvo a dejarme vencer por nada, ni por nadie. Pero la historia la tendré en mi mente. No como dolor, sino como recordatorio de no volver a caer en manos de quien no me merezca. Volver amar con los pies en la tierra." -

Sus ojos relucieron, la fuerza está en ella, volviendo a ser empoderada y teniendo el control de su vida. Un nuevo amanecer le regala la vida con nuevos pasos y nuevas aventuras. Está en ella de tomar ese último trago y llegar al fondo de la taza, donde estará su alma envuelta en dolor y desgracias.

Respira, cerra los ojos, sonrió y así comenzó su nueva vida, esa vida que llegó después de; AL OTRO LADO DEL DOLOR

Capítulo 3

Una flor y un hola. Un acto muy simple para llegar a una mujer. Él es todo un caballero que refleja seguridad, no muy elegante, pero llamativo, su caballerosidad le gana a su belleza. Rozzana sonrió en el momento que tomó la flor, dándole las gracias con media sonrisa, dio media vuelta y no tranzo más palabras con él.

Está enfocada en su trabajo, en seguir aprendiendo y el camino que ha trazado no le permite confraternizar con un compañero laboral. El área de trabajo para ella es sagrado, donde el amor con compañeros para ella no es aceptable, no desea problemas en un lugar que le ha costado tanto trabajo en llegar,

Cada día él le llevaba flores y la saludaba, insistía en poder conversar más allá del trabajo, sin obligar a que ella lo haga. Cada día, una flor diferente, un hola con alegría y un momento que va cambiando en los sentidos de Rozzana.

Ella no pensaba que un hombre dedicara tanto tiempo para llegar a ella. Con detalles de una flor y no forzar a una conversación. Le llenaba de alegría cada mañana, le regalaba un único momento de emoción que le motivaba ir al trabajo, no solo por amor al trabajo, se estaba convirtiendo en una hermosa costumbre para ella, cada vez que recibía esa flor. Flores que decoraban su oficina.

Coloridas y diferentes le daban luz a su entorno. Cuando entraba a su área de trabajo, sonreía, sin creer que esas flores le llenaban un lugar que no quería pensar. Un sentir de regalarle la platicar a ese hombre. Observa las flores, sonríe, piensa e ilusiona su mente en cómo un hombre puede dedicar tiempo a cortejarla.

Mientras caminaba por los pasillos de la empresa. Intentaba siempre buscar los ojos de él. Su rostro reflejaba algo extraño, situación que no le permitía descifrar en él; un hombre seguro, sereno y ojos que no resplandecían ningún sentimiento. Al mirarla se transformaba en un brillo inimaginable, diciéndole con la mirada; me gustas. Su físico, no era atlético, ni tampoco un hombre descuidado, lo normal en su edad, solo el toque de picardía lo distinguía y la atención que daba. Era la clase de hombre que siempre había estado buscando... Un hombre con buena apariencia, trabajador y atento. Perfecto a los ojos de Rozzana.

De vez en cuando juegan con las miradas y algún que otro saludo. En esos momentos la voz de Rozzana temblaba y no sabía muy bien qué decir. Comprendiendo que estaba en una fase de enamoramiento muy intenso. Lo que todavía no sabía era que el enamoramiento está en la mente, mente que corrompió con detalles de flores y endulzando el oído con palabras hermosas...

Tiempo presente mientras maneja al trabajo;

- "Sentí curiosidad de cómo un hombre persevera tanto para llegar a mí. Como puede ser tan ilusa de no permitirle a él poder conocerme." –

Mientras piensa, sonríe por esos detalles que la convencieron para acceder a ella. Como trabajo cada día para de una u otra manera ella se fijará en él, sonríe y mirando al espejo retrovisor se dice;

- "Tanto sacrificio para qué?" -

Tiempo atrás;

Al día próximo, luego de las últimas flores que cambió la mente de Rozzana fue diferente, cuando él le entrega la flor y le dice;

- "¡HOLA!" -

Ella lo detiene por el brazo, él se quedó sorprendido por el acto. De inmediato sin pensarlo, de la boca de Rozzana escucho;

- "¡Gracias por las flores!"-

Él se sorprende por la contestación y le regala una sonrisa.

Así da comienzo al amor. Enamorándose de lo que se mostró, de lo que la máscara de un hombre reflejado en los ojos de una hermosa mujer. Dando comienzo al sentir hermoso que va renaciendo en el corazón de Rozzana. Cada día él se presentaba como el hombre perfecto, la pareja ideal y el amante sin igual. Un primer año de amor, un primer año de control, un primer año donde el poco a poco absorbía el tiempo de Rozzana, llevándola a tener el control de su vida.

Ese tiempo él la modifica a su pensar, con cosas simples que pasan por desapercibido. La forma del cabello, el vestir, amistades y hasta el trabajo. Siempre buscaba como ir sometiéndola a él bajo el control del amor. Con la sutileza del toque de una flor que en su tallo posee espinas, el regalaba la flor y ella no se daba cuenta que la flor le inca las espinas ocultas en su tallo. Pinchando cada vez más su vida. Solo viendo la hermosura de la flor, no veía que la manipulaba con tonterías como prohibirle, cambiarla u ordenar sutilmente cosas que afectaría en su vida como mujer, profesional y enamorada.

Encontró cómo controlar a Rozzana en el silencio de los momentos.

Momento presente en que manejando llega al estacionamiento del trabajo, volviendo a mirar en el espejo, se habla para ella;

- "No notaba los cambios que él estaba manipulando en mí. Como disimuladamente modificó en mi hasta la forma de vestir y de cómo ser. Por amor estaba cegada. Por amor deje de ser yo para ser de él. Dando tanto para verlo feliz. Porque al principio todo era hermoso, él mostraba lo que toda mujer desea. Un hombre atento, cariñoso y comprometido. Pero a escondidas, era todo un desconocido para mí." –

Tiempo después en la relación, Rozzana deja al trabajo por el que luchó tanto. Con la mentira de que él quería que se sintiera libre de compromisos y que serían un equipo en la relación. Que ella se encargaría de las cosas del diario en el hogar y él llevaría el sustento. Logrando convencerla.

Un segundo año en que estaba ya presa en la vida de un hombre que llevaba una máscara frente a ella se iba desvaneciendo y la verdadera cara se mostraba con descaro. Las flores pararon hace mucho, el cariño mermó, el tiempo dedicado por él era manipulado y dado con migajas. La ilusión que un momento pasajero se vivía se fue tornando en la inseguridad de una mujer que ha sido manipulada en nombre del amor.

Rozzana, dejó de ser ella para ser de él. Perdió su esencia, dejando que su luz propia fuera eclipsada por un hombre que utilizó el amor para su propio bien. En ese momento, ya era tarde, ya el daño estaba hecho, Rozzana estaba al fondo de la taza, en los últimos sorbos amargos de la relación. Pensando cómo salir, como no degustar esa amargura. Buscaba cada día como endulzar ese sabor amargo. Cómo darle a él la enseñanza de un verdadero amor. Que ella tiene mucho que dar para él, si se comprometía a darle el lugar que ella merecía en la relación.

Buscando la cucharada de azúcar, no quiere perder lo que ella ama, ilusionada de darle un giro al sentimiento, buscando que él comprendiera que la está perdiendo y no tener que dar tragos amargos de una relación que debe de ser de dos y no de uno.

Cansada de la esclavitud emocional, cansada de que todo sea como él diga. Queriendo mantener el amor en unión. Busca la dulzura de ese hombre que le decía que la amaba, intentando de que ese café se endulzara. Intentaba esconder entre las pizcas de esperanza que esa relación floreciera con hermosura.

Siempre que tiraba pistas, la amargura desaparecía, cambios momentáneos, momentos de mentiras que se difuminaban a mitad de esa taza llena de amargura. Ilusiones que volvían al punto real de la relación. Nunca cambiando, solo disimulando y volviendo el maltrato en el amor.

Tiempo atrás, le regalaba flores y un hermoso hola... Tiempo después, dolor, tristeza y rechazo. Cayendo a la amargura real de un amor inexistente.

Capítulo 4

El tiempo trajo algo nuevo para ella, la soledad presente. Una compañía ausente, el diario vivir se convirtió en una rutina donde su pareja no reflejaba amor. Solo eran palabras vacías en los "te amos" frente a la gente. Eran simplemente una fachada que daba cara a la mentira que desde un principio mostró, una cara frente a Rozzana, y otra careta frente a la gente. Pretendiendo que la relación se ha extinguido, mostrando frente a la gente los colores irreales de la realidad de la relación.

Ya no hay flores, ternura y la llama cálida del corazón. Cada día que fluye ante ella, ve que el supuesto compañero de vida la traiciona. En los ojos fríos, en las pláticas mudas, junto al trato amargo del diario vivir. Dejando de conocer la realidad de su pasado y viendo la realidad del presente que le muestra la verdadera cara de un hombre traicionero.

El diario vivir en el primer año se mostraba como todo un hombre enamorado, hasta ese día...

Entrando por la puerta de un gran edificio en el presente;

- "Lo comprendí todo años después. Fui una estúpida al no darme cuenta lo que él buscaba. El día en que me pidió que dejara de trabajar y me quedara en la casa, era lo que él tanto anhelaba. Sacarme de su camino para llegar donde yo podía llegar. - Respiro, y con un poco de coraje exclamó; - Usurpo mi vida... mi carrera... y mi destino..." -

Dando de inmediato una media sonrisa, mientras el cabello revolotea al abrir la puerta del imponente edificio, sintiéndose empoderada en su mejor momento, volvió a exclamar, con tranquilidad mientras pasa por la puerta del gran edificio;

- "Hoy obtuve lo que él tanto anhelaba." -

Le quitó el tiempo, le quitó las ganas, le quitó parte de sus ilusiones. Enamorándola, envolviéndola en sus mentiras. Rozzana era el único impedimento para el lograr escalar en la empresa. Teniéndola en la casa, como su enamorada, podía utilizar todo eso a su favor. Busco toda estrategia para llegar a ella, la sutileza de un hombre enamorado, enamorando a una mujer dándole todo lo que se desea. Solo tuvo paciencia y un día a la vez para lograr llegar a ella. Aunque no la amaba le gustaba como mujer, por tal razón no era impedimento para convivir con Rozzana. Tenerla bajo las sábanas y degustar la exquisitez de mujer que por motivos propios logró llevarla hasta la cama y tenerla como enamorada. Ganando de manera doble en su vida.

Mientras pasaba el primer año, él intentaba llevar el paso de un hombre enamorado, controlando de a poco la mente de su compañera de habitación. Logrando sacarla de la empresa y dejarla como esclava de vida en su hogar. Una doble ganancia que le costaría con el tiempo.

Al finalizar el primer año, mermó su deseo por ella, se sumergió en poder lograr sus metas propias y dejar a un lado su esposa. Ya no le gustaba estar con ella, intentando mantenerse más tiempo en el trabajo.

En el hogar no escuchaba los pedidos de migajas de amor que le pedía Rozzana. Dando caso omiso a sus pedidos, los cuales eran más atención y amor. De manera momentánea el complacía, dándole dulzuras escasas y momentáneas a la amargura del tiempo. Ya no la trataba con amor, si no como una persona más en su vida. No más flores ni detalles, todo fue mermando, ya que para sus metas ya ella no era parte necesaria, ya la tenía a un lado y en control.

Un hombre que dio carta de amor, siendo la máscara de lo que esconde realmente bajo esa mentira. Un hombre que solo piensa por él y para él, no le importa su pareja o lo que los demás piensen, velando por su bienestar. Creando una vida de mentiras, frente a una buena mujer y al mundo que le rodea.

Rozzana solo intentaba mantener la relación. Luchando día a día en que él se sintiera feliz, sin percatarse de todas las mentiras que ese hombre llevaba en su mente macabra. Cada día sumado, era momento que la llevan al dolor bajo el amor. Un hombre que ella no ve como es en la realidad y pensaba que el problema de que la relación no funcionaba era ella. Pensamientos infundados por él en cada plática vacía, solo para él poder salir de la situación. Dando larga a la realidad que se avecinaba. Una ruptura dolorosa por una mentira.

Capítulo 5

Los últimos días de la relación se volvió gélida y distante. Rozzana no podía aguantar tanto rechazo y pláticas frías. Ya su amor se transformó en dolor y soledad. Llevándola a ambigüedad traicionera mental. Dudando si la relación que llevaban por varios años era o no real. El maltrato emocional iba en aumento, mientras el amor a él disminuye con el pasar de los años. Ella se cansó de dar tanto, de sentirse culpable en el deceso de la relación. Ella como mujer inteligente tuvo que tomar acción, a lo que espero que él llegara para enfrentar la realidad de la pérdida de interés y de amor por parte de él.

El corazón bombeaba sangre a todas sus emociones, la mente no dejaba de pensar en todo lo que ha vivido, el dolor sentido en las extrañas, la llevaba al filo del colapso nervioso emocional. Sentada al borde de la cama, las manos en la falda con sus ojos inmuten al infinito. Una lágrima brotada con dolor, frialdad dejada al bajar por la mejilla y posarse como un beso en los labios.

La señal de que se está quebrantando por dentro, el silencio inmute de no poder gritar el dolor. Cada pedazo de ella se esparce por su cuerpo con dolor en la sangre que fluye al ritmo del corazón. Se siente impotente en la inercia del momento, donde las emociones se revuelven en el estómago y divagando en su mente. Enojo, ira, con dudas y miedos, sensaciones que la tienen al filo de la cama y al filo de perder la cordura.

Una nueva lágrima con dolor, un suspirar que transmite el dolor impotente que lleva en su interior. Baja la cabeza, limpia la lágrima que está por bajar y la lágrima posada en sus labios. Mueve la cabeza en señal de negación, no quiere pensar en lo que está por pasar, el miedo la inunda, la confusión la llena de miedos, divagando en la mentira vivida en el pasado, en la realidad del presente, que la lleva a la negación y a el sentimiento que una vez sintió por su esposo amado y odiado.

Levanta la cabeza y posa la vista en el reloj de pared. Nota que lleva más de dos horas esperándolo. El momento de él llegar pasó varias horas atrás y la noche está a medio caminar. No era la primera vez que él no llegaba a tiempo a la casa y en ocasiones ni llegaba. Pero ella nunca tuvo la fortaleza de reclamarle, tantos reclamos ella sentía que el problema era ella por pedir lo que ella merecía como su esposa. Ella desistió de tanto exigir y dejó que todo pasara como debería pasar.

Esta noche, cayó la gota que llenó el vaso. Una gota brotó como lágrimas por sus hermosos ojos. Llenándola de coraje de ya no ser parte de la vida de su esposo a ser solo un estorbo. Pero, no era así, en su mente se clavó este pensamiento;

"¡Él es el estorbo en mi vida!"

Con ese mismo dolor que lleva, tomó fuerzas para decir;

-    "¡BASTA!" -

Dar por terminado a esa vida que lleva por culpa de él. No quiere más estar suplicando por migajas, no quiere tener más en ella el dolor de sentirse culpable de todo lo que está pasando, comprendiendo que el problema no es ella.

Llegará el momento en que dirá adiós a ese amor, con dolor, con sentimiento y con todo lo que vivió.

Rozzana, ha vivido en silencio su dolor. Viviendo bajo el mismo techo con un desconocido que para ella era el amor. Día a día era un maltrato vivir, ya que no la maltrataba físicamente, si lo hacía de manera emocional. Con el desprecio, la ausencia y falta de cariño. Omitiendo sus pedidos, buscando esas migajas de amor, ella solo pedía que fuera ese hombre que un día conoció.

En silencio sufría cada noche, lágrimas entumecidas en la oscuridad, el corazón enamorado se enfriaba en cada noche en que él rechazaba sus abrazos, negaba los besos y alejaba su cuerpo de él. Un hombre que una vez luchó por su amor es el mismo hombre que le creaba el gran dolor.

Capítulo 6

Entrando al salón de conferencia, las energías vibrantes le corren entre las venas a cada paso firme y con determinación. Los ojos relucientes, siente la gratificante victoria que llegó después de su gran derrota en el amor. Rozzana observa lado a lado del gran salón, donde en el centro hay una gran mesa con veinticinco sillas. Una de ella está a un extremo, la cual está ocupada por el presidente de la empresa. En las sillas restantes están los veintitrés ejecutivos y junto a ellos se encuentra una silla solitaria sin ocupante. Con una gran sonrisa de victoria, toma asiento entre los saludos de sus compañeros y del gran ejecutivo que con alegría le da la bienvenida al gran salón ejecutivo de la empresa.

Ese lugar que toma Rozzana, es el lugar en que se posaba su más doloroso recuerdo. Asiento que le correspondía a Rozzana.

Tiempo atrás...

El comprendió desde que noto que Rozzana era su mayor competencia para llegar a ese lugar ejecutivo, se tramó en su mente no dejar que esa mujer fuese su competencia, llevándolo a enamorarla, y a su vez, sacarla de su camino.

Un plan formado y tramado con maldad. El machismo que le impedía dejar que una mujer empoderada, usurpara lo que él anhelaba lo llevó a cometer un acto de maldad. Enamorar a una mujer por trabajo y llevarla con engaño por un camino de desorden mental y emocional. Al día siguiente de comprender que Rozzana era su piedra en el camino, tomó acción antes de llegar a la empresa, se detuvo en un puesto de flores para comprar las más hermosas, comenzando la tarea de enamorar su competencia.

Como hombre a sus ojos la ve como una mujer hermosa y la que cualquier hombre desearía tener es su casa. En su mente la ve como una mujer que le traerá obstáculos para lograr llegar a su meta. Comprendiendo que ella podía ser su compañera de batalla, la enamoró como la mujer que era su competencia y su piedra en el camino. Dejando a un lado opciones perfectas de una buena relación, carcomiendo su alma con el deseo de poder y ganancia de vida. Dando partida a una careta de maldad e hipocresía. Un hombre que quizás no pensaba en el mal que causaba, ya que pensaba solo en él y para él. Viendo a Rozzana solo como mujer y no como enamorada, viéndola como competencia y no como posible aliada.

Caminando por el pasillo divisa a Rozzana, camina con las flores y la careta puesta de hipócrita. Regalando las flores y un;

-   "Hola." -

Así da comienzo al calvario emocional de Rozzana. Ese hombre se dispuso a todo para conquistarla y a su vez sacarla del camino en la empresa. Ve en ella, una mujer hermosa, queriendo degustar su piel, marginar su estar, tenerla en sus manos para manipular su vida y lograr tener lo más deseado para él, que no es su piel, ni su corazón, es llegar a la cima de la empresa. Para poder llegar allí, tiene que sacarla a como dé lugar. Dejando de ser un hombre competitivo y justo, para ser la guerra sin escrúpulo, comenzando la hipocresía dentro de la máscara que oculta su verdad en la relación.

Un día a la vez, una flor por vez y la tranquilidad de un;

-   "Hola." -

Donde cada día penetra la mente, el alma y el corazón de esa mujer empoderada. Logrando de a poco descifrar su dureza y llegar a lo que toda mujer desea. Un hombre dedicado a ella, enamorando sin prisa y con calma, carcomiendo las emociones de una buena mujer desde las tinieblas que oculta la careta de un hombre malvado. Una sonrisa dada con la flor, un saludo que se sumerge en la hipocresía. Llevando a Rozzana a la perdición del tiempo junto al hombre escondido detrás de la careta.

Rozzana callo...

Cada día que dedico para cortejarla, logrando llegar al día esperado. Los oídos de él retumbaron de alegría cuando ella le regresó el saludo y logró su cometido. Llegar a ella y tomar el próximo paso para lo planeado con maldad. Invitarla a salir, disfrutar con ella las veladas de amor, no teniendo amor. Momentos de pasión que pasan frente a la careta del hombre y penetrando el corazón de Rozzana. Envolviéndola en la bola de humo que ha creado desde que la vio como competencia.

Un beso, un abrazo, y un primero te amo, salido de la boca rojiza de Rozzana... Hipocresías dadas por él, junto al amor real y espontáneo dadas con el sentimiento puro de una mujer. Dos personas distintas en una misma relación. Con objetivos diferentes en momentos bellos vividos de dos. Rozzana enamorado de una cara, él cometiendo el peor acto de maldad en nombre del amor. Por capricho, por decisión y por maldad, buscando su único objetivo, su triunfo en el trabajo y la pérdida en el amor.

Capítulo 7

Un arco de flores, sillas blancas en la gran terraza adyacente a la casona da la Hacienda Doña Ana. La brisa fría de la montana juega entre las flores, llevando el aroma a sus invitados. Solo unos pocos estuvieron invitados, entre compañeros de trabajo, familiares y amigos de la pareja van llegando de apoco y toman asiento.

La mayoría de los invitados, fueron seleccionados por el novio y solo la novia pudo invitar a su familia, el no permitió que amistades allegadas a ella, accedieran a la boda. La forma en que logro que no llegaran, escogiendo la Hacienda que queda muy lejos de su ciudad, así evitando de primera que esas amistades no deseadas por él no llegaran. Planeándolo con tiempo, deduciendo quien podría llegar y quien no, orquestando una boda perfecta a los ojos de Rozzana, llenándola de ilusiones en todo el contenido de esta, desviando sus pensamientos en si estarán o no allegados de ella.

Dejando que pensara en que tipo de flores, la cena, la música, y solo el decidió la localidad lejana y el costo de transportación de la familia de Rozzana. Así tenia mas control sobre esa decisión.

Un violinista ambientaba entre flores hermosas, aromas de campo y la suave brisa, le daban un toque especial al momento en que se daba la promesa de un amor eterno. Promesa que da comienzo a un calvario doloroso, pasando inadvertido frente a los ojos de Rozzana, sin notar el control que va teniendo sobre ella. Una boda perfecta en mentiras y sabotaje de vida.

Melodías que dan inicio al evento. La novia camina paso a paso llevada del brazo por su padre. Caminata a la felicidad en su mente, y en el de él, la espera del si que marcara su victoria. Flores a los pies que son lanzadas por la pequeña de la familia, música suabe de boda en las cuerdas del violín, al final de la caminata el novio parado junto al Juez, los padrinos y el arco de flores. Quedando frente a frente, el juez en el centro va dando las palabras tradicionales que va marcando el pacto de amor de dos.

Ya posicionados los novios frente al oficial civil, con sus dos testigos, uno a cada lado, se dará inicio al matrimonio. El señor Juez da inicio;

- "El amor es un estado emocional que nace en la convivencia de dos desconocidos. Quizás un hola, una rutina, o la consecuencia de cualquier evento que lleven a dos seres a converger en el tiempo en un mismo lugar. Trazando el camino a un amor en común, dejando de ser desconocidos a ser amigos, enamorados y amantes. La responsabilidad que asumen en el día de hoy será del uno para el otro y a su vez para ellos mismo, promesas no solo de amor o sentimientos emocionales, promesa de que, para su propia felicidad, es ver feliz a su pareja. Esa pareja que darán promesa de vida. Y ya dicho esto, daré comienzo a la unión emocional de los novios."-

Dando paso al ritual matrimonial, a cada palabra usa y con los votos matrimoniales dándole paso a él;

- "El amor es un misterio, ese misterio que me llevo a ti, enamorándome de tus ojos, de tu interior y de todo de ti. Al verte caminar por los pasillos comprendí que tenias que se mi pareja, iniciando las flores y el día a día en que nos trajo bajo este arco de flores en una promesa de amor.'

Un pequeño papel fue leído, escrito a la ligeras antes de comenzar la boda, sin sentimiento y simple en solo complacerla. La importancia era mínima, el detalle era justo para lo que el quería, solo la promesa de un amor, la carta del domino personar en una relación que no era de dos, solo de ella en el amor y del en tener el control.

El momento de Rozzana, saca un hermoso sobre blanco con flores impresos en dorado. Una carta impecable, hermosa como ella. Leyéndola con una voz agradable al oído y sentimental a los oyentes;

- "Mi promesa es demostrarte que es amar la vida, siempre te tratare con amor y la delicadeza que emana desde mi corazón, llevare la paciencia justo que el amor permita en mi para sobre llevar los retos en la relación si así el amor lo permita para el bien de los dos. El silencio sea parte de un buen momento y el desahogo del hablar sea la confianza que nos unirá, sin tener el conflicto de un silencio o la esclavitud de un hablar, y comprender que tendremos desacuerdos y acuerdos como humanos imperfectos, sin que afecte el pacto de amor, mi hogar será estar en tu corazón con amor y ese será mi alegría al despertar juntos en cada amanecer.

46

Ahora daremos comienzo; Estamos aquí para unir en matrimonio a Rozzana y _____." -

Una sonrisa de maldad de plasma en la cara mientras presta atención a cada palabra. Al escuchar; mi hogar estará en tu corazón, su cometido a sido logrado. Ya tiene lo que quería para tener el control de la relación.

Cerrando el papel, guardándolo en el sobre y dándolo a él. No dio importancia en como el escribió sus botos ella lo recibió con amor. Ve en la carta que la boda lo tenia nervioso y no tenia mente para poder escribir bien, para ella, un regalo divino de una realidad emocional.

El Juez continúa la ceremonia mientras ella lo mira con alegría y el... El solo mira a una mujer y no como enamorado. El reflejo de alegría es fingido y normal. Solo un día mas en su vida y una promesa vacía. Sellan el pacto con los anillos de amor infinito, la firma del contrato de vida y el beso que marca el acto emocional de dos enamorados a ser no solo enamorados, a compañeros de vida.

Un pacto perfecto para ella, un pacto buscado por él, ella enamorada y el con un plan propio.

Rozzana en la actualidad disfruta esa mentira en sus recuerdos. Recuerdos que para otros serán tortura, para ella es un momento que disfruto sin importar que hoy día comprende que fue una mentira para él, para ella fue una bella realidad, amando con el corazón, viviendo con la realidad frente a un mundo de mentiras. Ella siempre a sido clara con lo que da y lo que busca, así fuese con un hombre que en esa boda le mintió, ella dio la verdadera promesa.

Muchas quisieran olvidar todos esos momentos felices en sus ojos y mentira en los ojos de quien fue su pareja. Para Rozzana, son momentos que lleva de vida, momento de ella y para ella, sin importar que la otra parte solo lo utilizo en forma de mentiras. Ama ese detalle que vivió y lo lleva con recelos en sus memorias. Sonriéndole al amor que un día destrozo su alma y corazón. Teniendo la fortaleza que un día no tuvo para afrontar ese pasado en su mente.

- "Si aceptó" - con amor.
- "Si acepto." – con mentiras.

Dos percepciones muy diferentes a dos contestaciones que se supone se escuchen con la misma fuerza y alegría. A los ojos de quien esta enamorado le cuesta notar el tomo en que se contesta y ver que los ojos no brillan con la emoción que se supone emite un corazón enamorado.

El anillo lleva un significado que influye en ella; El anillo no tiene comienzo ni final, referente al amor que dos se supone que lleven. En esta relación que se forja, solo uno lo recibe con amor y el otro... solo un objeto más que tendrá que cargar entre los dedos.

Capítulo 8

Primera caída...

La primera primavera de la relación transcurría con toda normalidad. Después de salir del trabajo para ir de vacaciones al campo. Hacienda Doña Ana les espera para tener la lejanía del trabajo y continuar la relación de dos. Sentir el aire fresco da la mañana en el barcón de uno de los cuartos, tomar el café endulzado, disfrazando la humedad del ambiente con un cálido aroma, deseando degustar el desayuno como dos enamorados.

Rozzana trabaja los preparativos para viaja, sonando el teléfono;

- "Rozzana, adelántate y me esperas en la hacienda. El trabajo se complicó y tengo que estar presente en la empresa. Llegare mañana en la mañana, para el desayuno.' –

Ella no le dio importancia, tomo la decisión lo más normal y partió. Un viaje de varias horas para llegar, tomándolo para

descansar en el avión y pensar en lo que quiere disfrutar, dejar de pensar en el trabajo y vivir ese momento junto a su amado.

Salió el solo reflejándose en las cortinas blancas de la habitación, despertándola. Ordena le desayuno para dos, toma un baño ligero para luego cubrir su cuerpo con una bata suave, marcando el contorno de su cuerpo. Toma el teléfono para ver si hay llamadas o perdidas de él. Nada en el teléfono, acción seguida llama. Sonando varias veces y al terminar en el ultimo timbrazo se escucha la grabadora. Envía un mensaje de texto y se sienta a desayunar. Omitiendo lo sucedido, termina el desayuno, se viste. Queriendo caminar al aire libre por la hacienda, su ingenuidad no le permitía sentir enojo por la espera de su marido.

Al borde de la Hacienda Dona Ana corre un riachuelo donde descalza juega con las aguas claras que golpea suavemente entre las piedras, acaricia suabe la piel expuesta. Como una niña, Rozzana disfruta de la estadía. Se desprende por un momento en pensar de la espera de su marido, disfrutando con el chapucear del agua con los pies. Ríe a solas con el jugar del agua, el aire fio que recorre por encima de las rocas y las hojas juegan al unisonó. Un momento de ella, sin comprender que ella es feliz sin él. Ella sola con la naturaleza y con su alma noble de mujer.

Volviendo a la gran casona de la Hacienda Doña Ana el sol se posa entre las ramas de los árboles. Mira el reloj. Una hora para que termine el día y el no llega. Su teléfono no ha sonado en toda la tarde y al llegar al gran salón suena varias veces. El motivo en que no sonaba su teléfono es que en la hacienda no tiene cobertura ninguna de las compañías telefónicas, al aproximarse a la gran casona toma señal del internet de lugar.

Corre entre mensajes buscando un mensaje de su amado. Mensajes de familiares, amistades en común, un mensaje de grupo del trabajo y ningún mensaje de su amado. Le resulta extraño como no ha llegado ningún mensaje de texto audio de él. Le marca, suena y suena, llegando a la grabadora. Envía un mensaje de texto preguntando;

"¿ESTAS BIEN? ¡AMOR MIO!

QUE NO SE DE TI DESDE AYER."

Llega a la habitación hambrienta, toma el teléfono que esta sobre la repisa para ordenar. En eso suena su teléfono. Ella emocionada lo toma y ve que no es el mensaje que espera, un mensaje en cadena de un amigo de la pareja. Continua y ordena la cena, toma un baño con calma, esperando ese mensaje o llamada. En este momento comienza a preocuparse. Primera vez que pasa un día sin saber de su amor. Intenta no pensar y llenar su mente de situaciones que le pudieron haber pasado y tener la mente positiva en un momento de relajación. Confía que que cualquiera momento llegar y estará con ella en la noche, deseando dormir juntos.

Cena tranquila, no piensa en la espera. Ordena un vino para degustarlo en el balcón que da a un balle cullo horizonte se escarpa grandes montanas por donde va asomándose la luna creciente. Sin nubes se aprecia las estrellas que acompañas la solitaria luna en la misma soledad que lleva Rozzana en el balcón con su copa de vino. Un sorbo con la brisa fría estremecedora, trayendo a la mente la piel cálida de su pareja. Un sorbo mas y la luna a un cuarto de camino de la noche la acompaña en pensamientos que carcomen la mente cuando mira el teléfono que no suena y siente la ausencia de un cálido amor.

Termino la botella de vino cuando la luna creciente esta a mitad del camino, ella solo camina a la cama fría. Sola en las sábanas, preocupación en su mente, y miedo que llena su alma. Un instinto no deseado, ignorado por ella al negarse lo que está sucediendo. Abraza la almohada, cierra los ojos y espera que el alcohol haga efecto. Dormir sin pensar, queriendo un despertar en los brazos del amor.

El sol de la mañana se refleja en las cortinas blancas de la habitación. Los pajaritos cantan con alegría mientras revolotean con la brisa gélida de la mañana. Despertando con amor en un nuevo día a Razzana que en la cama se encuentra en la soledad entre sabanas.

Primer acto al intentar abrir los ojos fue buscar el teléfono. Encuentra varios mensajes y llamadas perdidas, entre ellas no se encuentra ni un solo mensaje ni llamada de su amado. No ha visto el mensaje enviado, acto seguido solo lo dejo a un lado, sus ojos ya no reflejan luz, se ven opacados. Intenta cerrarlos cambiar la mente con la esperanza de que algo a pasado fuera de las manos de él.

Pensamientos positivos bajo la ducha, motivación mientras desayuno, en una mañana que marca ya el medio día, decide volver a caminar las praderas que ve desde el barcón. Decidido dejar el teléfono y no romperse la mente. Su mente lleva la ilusión que al estar de vuelta el estará esperándola en la hacienda. Mente clara, disfrutar nuevamente de la caminata.

Las veredas de tierra la guían, el aire puro la llena de energía y el paisaje que marca en el horizonte entre montanas y praderas la llenan de tranquilidad. Disfrutando el deguste del momento a solas. Lejos de la ciudad, del trabajo y de todos. Un momento que tenia que ser de dos, se convirtió en un momento único de ella. Evitando que cualquier cosa dañara su estar en la Hacienda Doña Ana.

Media tarde, el sol comenzando a caer, Rozzana sentada en una roca a un lado de la vereda. Por casualidad bajo un árbol de ceiba que le da sombra. Un sentir incomodo, la mente se desordena en pensamientos. Sensación que nunca a tenido en ese momento de tranquilidad corrompido por las imágenes que chocan y la sensación maligna. Rozzana cierra los ojos fuertes, tranquiliza emociones. Respira profundamente y exhala con calma. Abre los ojos para ver el ambiente que la rodea, tranquilidad para ella. Quita todo de su mente y de su sentir, no comprende ese estado, ignorando la situación.

Toma la vereda de vuelta a la gran casona, mirando el reloj acelera un poco el paso. Su cuerpo le pide alimentarse y ella entretenida con el paisaje que le brinda el lugar. Paso a paso, con calma para no caer, llega a su habitación para de inmediato de manera inconsciente toma el teléfono. Muchos mensajes y ninguno el esperado.

Mientras estaba lejos de su teléfono no pensaba en quien no ha llegado. Al ser un ser pensante y automatizado, solo toma acción en algo normal que encadena al ser humano en la rutina de la vida desde que se despierta, y lo ultimo que dejamos en la noche.

Ya una ultima noche con otra botella de vino. Una ultima vista a las estrellas que acompañan la luna creciente y a ella en cada sorbo de la copa de vino. EL aire gélido de la noche recorre el barcón, el silencio corrompido con el cantal de los coquíes y la vista oscura de las praderas que se notan al filo alto de las montanas en que va saliendo la luna creciente. Dando comienzo a una noche de soledad, vino y estrellas.

Los coquíes cantan con mas hermosura, las estrellas titilan con claridad y la calidez del vino se siente en las venas de Rozzana. Intenta no corromper su mente, no decaer su alma y no permiter que el sentimiento de soledad la sucumbe. Ella dominaba el estado de soledad, corrompida con la costumbre en la presencia de el desde el día en que permitió que llegara a su vida. Desde ese día no estaba sola, no sentía sentimiento alguno de tristeza y el siempre la acogía cada noche así estuviera a lo lejos por medio de video llamados, teléfono o texto. Ahora, después de mucho, solo la acompaña el silencio corrompido por los coquíes, las estrellas con la luna y la copa de vino que le da el calor corporal que necesita. Un estado mental de agonía en dos días de soledad.

Este comienzo de soledad será el primero de muchos, de muchas noches tristes, de ojos que cubren el silencio el reflejo de la tristeza. Sonrisas marchitas que callan las fuerzas de no poder grietar, abrazos que solo da las almohadas en las noches y lagrimas que se tragan en la soledad que vivirá desde esa noche que sintió lo que es verdaderamente la soledad de una mujer enamorada.

Capítulo 9

Después de la visita a la oficina y logrado obtener el acenso en la compañía. Rozzana decide tener un fin de semana de reconstrucción. Tomando la decisión de volver donde todo su dolor comenzó; Hacienda Doña Ana. Depurar su mente y alma en el lugar que sentido el dolor si verlo, tener o vivirlo. Solo su ser le advirtió lo que se avecinaba, dando caso omiso a ese sentir.

En la tarde del viernes, tomo el largo viaje a un destino doloroso en el recuerdo y pasivo en el sentido del momento. En el vuelo su mente divaga en esas imágenes que ignoro, buscando la razón en que ignoro el sentido a lo que traía su vida. Recordando lo que paso luego que regreso a su hogar.

En el mismo avión de regreso hace uno anos, el avión toca tierra y al mismo tiempo el teléfono vibra. Al mirar la pantalla un mensaje;

"¡Te espero en casa!"

Dando un suspiro, omitió contestar, apretó el teléfono en el momento en que lo bloquea y de un movimiento lo metió en la cartera. Respiro profundo, cerro los ojos y analiza la frialdad del mensaje. Sin comprender saca el bulto del compartimiento que estaba por encima de la cabeza, camina fuera del avión. Un palpitar en cada paso, siente el calor en la sangre y su mente no quiere analizar el mensaje, pero el presentimiento de que algo a cambiado ya esta en todo y cada uno de sus pensamientos.

Al llegar a la case el auto frente a la casa. Entra con pasos firmes y constantes, queriendo ya verlo y el coraje le esta dominando los sentidos. Extiende la mano en dirección de la manija de la puerta, cierra los ojos, inhala, exhala. En si mente4 busca tranquilidad. Rozana busca su paz en el interior, es mujer de hablar y no pelear. Intentando quitar de ella el instinto animal de la pelea a buscar una solución mas tranquila para conversar. Abre la puerta y camina como si nada a pasado. Ve que el esta en el comedor cenando.

Se para de la silla camina tranquilamente donde ella para darle un beso. Para ella fue un beso frio, sin sentido he hipócrita. Ignoro ese sentir y pregunto de inmediato;

-	"Cuéntame. ¿Qué paso que no llegaste?" –

Intentando usar un todo suabe y delicado. No quiere dar impresión de enojo o molestia. Deseando conversar y buscar el motivo.

-	"Me surgió un imprevisto.' –

Con tranquilidad lo decía, sin titubear le contestaba.

-	"En el trabajo se reunieron de emergencia y decidí acudir." –

Camino hasta la nevera y saco una botella de vino, dos copas mientras continuaban hablando;

- "Ya puedo contarte la sorpresa y la razón no me comunique contigo."-

Rozzana cruza los brazos, mira fijamente a lo que pregunta;

- ¿Qué es más importante que compartir juntos?' -

Mientras sirve las copas, le entrega una en la mano a Rozzana. La toma con un movimiento brisco y la pone a un lado para volver a cuestionar;

- "¿Qué es tan importante como para dejarme plantada lejos de aquí?' -

El levanta la copa para brindar;

- "Ya no tendrás que trabajar querida. Mi ascendieron en la compañía, ahora tú y yo, podemos tener una familia." -

Rozzana mantuvo silencio, analizando lo que el le decía. Por un lado, quería tener una familia, por otro no quería dejar su trabajo y por ultimo el coraje que sentía al no comunicarle nada a ella, dejándola a un lado en las decisiones que toma. Sintiendo impotencia a esa acción de dejar de trabajar para mantener el hogar y el trabaja o que decidir. Tomo fuerza, ignorando a lo pasado y analizando de inmediato lo escuchado;

- "Yo no quiero dejar mi trabajo." –

El esperaba esa contestación y arremato con;

- "Yo quiero una familia y no quiero que la madre de mis hijos trabaje. Ya que los hijos necesitan de su madre en el hogar y ya tenemos esa libertad para que estes a tiempo completo. Yo puedo mantener tus caprichos, los mis y los de la familia." -

Ella callo, pensó y pensó. Tomo un sorbo de vino, camino a un extremo de la mesa del comedor para tomar asiento. Tiene una confusión mental, analizando todo lo que pasa, lo que paso y lo que pasara. Tomar decisiones en un momento de coraje y emociones, no cabía todo en su mente.

Eso él lo sabía, comprendiendo que todo en un mismo tiempo eran cartas a su favor. Tierne a Rozzana contra la pared en la decisión de si renunciar al trabajo y formar una familia como el quiere, o debatir y así mantener el trabajo que tanto le ha costado tener.

De manera contundente contesta;

- "No pienso dejar mi trabajo" -

El no espero a que ella terminara lo dicho;

- "Se termina la relación." -

Sin pensarlo, la voz no titubeó, palabras cortantes al sentir de una mujer. Escuchar el hombre que ama en plena amenaza. Estaco los ojos que se tornaron un brillo de perlas al escuchar las palabras inimaginables de una relación estables. Cerro los ojos, moviendo la cabeza de lado a lado, respira buscando calma, da un sorbo de vino y se expresa;

- "Te amo, y jure luchar por la relación, mi promesa. Por amor a ti y a tener una familia, dejare el trabajo en cuanto quede embarazada." –

Volviendo a hablar al ella finalizar y sin dar silencio entre ella y él;

- "No..." –

Palabras fuertes, con un tono seco y serio;

- "Terminaras esta semana, así estaré más cómodo y comenzare a trabajar mejor la economía de nosotros e ir ajustándonos a la realidad en que queremos vivir." –

Ella incrédula a lo que escucha. Trata de reconocer a ese hombre que tiene frente a ella. Cuando viajo dejo a un hombre y al llegar encontró a otro. Totalmente distinto al amor que se tenía. Un hombre dictador en la relación. Su mente no lo canaliza y la promesa de boda la trastoca y deja que la relación fluya dejando que el tome las decisiones correctas para ellos y así en algún momento poder convencerlo a que desista a esa decisión extrema en la relación.

Al escuchar la contestación, de una forma brusca y una emoción de logro al conseguir la respuesta deseada, la beso con alegría. Beso que fue correspondido con enojo y decepción. Solo que callo, omitiendo el coraje por promesa y amor. Pensando que es una decisión momentánea a lo que están pasando y luego cambiaria, así continuar la bella relación que se tenía.

Llegando a la Hacienda Doña Ana, pidió la misma habitación que se suponía que disfrutara aquel fin de semana junto a su amado. Mismas cortinas que reflejan el amanecer y mismo barcón en que degusto en el silencio corrompido por los cantares de los coquíes. Al abrir la pueta puerta doble de crista se aso a las llanuras adornadas en el horizonte por montañas. Un mismo lugar, diferente sentir, soledad querida en el presente y una soledad vivida en el pasado.

Tomando el teléfono para ordenar una botella del mejor vino. Acto seguido se tira en la cama, el latir del corazón con tranquilidad, cerrando los ojos para degustar el rico aroma de la montana que se refleja en tranquilidad en su mente. Un momento que disfrutara en la soledad de la vida, así borrar el recuerdo amargo de un momento en que comenzó su tortura junto a ese hombre que un día prometió amor y terminó siendo el trago amargo de su vida.

La puerta suena, le trajeron la botella del mismo vino que degusto bajo las estrellas, esas que esperan esa misma noche en acompañarla a degustar la noche con vinos en baso de cristal mientras en el firmamento titilan las estrellas junto a una luna incierta, esa que esperara al atardecer en el balcón de su habitación.

La tarde cae, toma acción de ducharse, limpiando su piel, depurando el momento con agua fresca de campo, esa que es extraída desde las extrañas de la tierra. Agua fría calentada solo con la calidez de la tierra cuando baja por la tubería de la montaña. Queriendo sentir ese frio, solo deja el lado derecho de la llave que fluya el agua fría y mantiene cerrada la llave del agua caliente. Erizando la piel y disfrutando de esa frialdad, quitando el recuerdo del agua cálida de ese tiempo en que se quedo sola, esperando ese amor que nunca llego, esperando noche y día para disfrutar con pasión. Ese día se va borrando de sus recuerdos al sentir el agua fría en su piel denuda.

Ya depura su alma, ya crea nuevos recuerdos y formara parte de sus días libres cada año, en llegar a la Hacienda Dona Ana a disfrutar el único lugar que puede alejarse de la serba de cemento y sentir su propio espacio, ese espacio que esa persona de su pasado nunca llego y ella logro hacerlo parte de ella.

Ella comprendió, que hay que afrontar la realidad de la vida, para ser mas fuerte, ser mejor, ese tropiezo la llevo al fonde del abismo y de ese abismo salió siendo mejor. Mas fuerte en afrontar la vida.

Capítulo 10

Un cuarto oscuro, el silencio que se refleja en los oídos de la soledad de Rozzana. Un dolor que se revuelca en el alma y retumba en sus oídos. Enciende la luz, se ve en el espejo, no reconoce la mujer que ve reflejada. Una mujer apagada en la mirada, un cabello sin cuidar y la forma de vestir decidido por él. Se siente fea a los ojos de su amado, entristecida por comentarios despectivos por el a su persona, bajando su auto estima cada día en comentarios tirados por ese quien prometió amarla en la promesa del matrimonio y ha sido la tortura perpetua de Rozzana.

Cada día que pasa es peor el trato de el a ella. Cada palabra cortante, cada expresión que lanza de manera despectivo y cada reproche en la intimidad la han llevado a despreciarse ella misma como mujer. Cada palabra son dagas envenenadas que pudren los sentimientos de un amor que idiotamente vive enamorada de quien las lanza y con la promesa que dio el día del matrimonio a dejado de ser ella para ser completamente de él.

Cayendo a lo bajo, cayendo a la mediocridad en que un hombre puede llevar a una mujer de manera maquiavélica y sin escrúpulo. Maltratándola emocional y verbalmente, un dolor mas podrido que el dolor físico.

Mirando al espejo;

- "¿Porque Rozzana? Maldita sea mujer en que te has convertido por amor a ese hombre que lo único que ha hecho es destrozarte. Tu que eres fuerte, tu que has logrado a llegar lejos; como degastes que el amor determinara tu vida y la vida dada a la mano de una persona que desde un tiempo lo que ha hecho es decir que puedes y que no puedes hacer. Y en el nombre del amor te ha dominado." -

Una lagrima dolorosa se asoma. Ella ve el dolor reflejado en la gota de lagrima, ve el dolor reflejado en sus ojos y el dolor es causado por ella. Desde primer día que cometió el acto de dejarla sola lejos fue cuando comenzó su calvario. A unos años de ese evento es que esta viviendo el dolor emocional, permitiendo en nombre del amor y evocando una familia, dejar que el engaño de él, domine su existencia. Prometiendo hijos, los cuales nunca llegaron, ya que él mismo ha evitado y el sexo solo ha sido para su placer.

Cuarto oscuro, reflejo del dolor oscuro que lleva en calvario Rozzana. Viviendo con martirio en nombre del amor. Arrastrando promesas e ilaciones a un ser que ya no es ese que conoció con amor. Hoy es la esclava del amor, siendo él, el esclavo de la mujer que un día fue su piedra del camino que logro sacar por medio del amor.

Cae de rodillas, llora desconsoladamente, el dolor de lo que vive a sucumbido en ella. A solas vive el encierro y la lejanía de su familia. El amor no ha sido la culpa, su culpa es ser una mujer de palabra, de esas que luchan por el amor y para el amor. Un gran error en tiempos en que las promesas se rompen y algunas personas solo bien por ellas. A ella le toco la peor que se podía conocer, enamorando su corazón y destrozando su vida.

Mucho tiempo que no ve su familia, mucho tiempo que no ve sus amistades, mucho tiempo que decidió dar su tiempo al amor. Sin ver que ese amor la presionaba en una vida para él y no para ella.

Como una mujer fuerte fue derrumbada en nombre del amor, como el amor influye en la vida de un ser humano y un humano puede ser derrumbado por amor. Rozzana, una mujer empoderada fue devastada por un amor que se dio a gusto de una persona que no amaba. Por una única razón; quitarla del medio, para poder obtener lo que ella podía tener primero.

La enamoro de una manera real para ella y una mentira que llevaba detrás la superación de vida. Una vida que ella lucho y perdió en nombre del sentimiento hermoso llamado; AMOR.

Del suelo se llevan, enciende la luz y se ve al espejo. Arregla su cabello y se seca las lágrimas, de su boca sale una voz de coraje;

-   "De esta voy a salir." -

Al próximo día, se viste como ella es, se paina a su gusto y de manera regia sale de la casa. Carita triste la dejo entré las sábanas, la cara real buscara de ese que amo y la lanzo al fondo. Ya Rozzana va botando la promesa y no quiere saber de ese amor que con promesas la destrozó. Decía que ella era de el y el mismo la destrozaba con palabras hirientes con ordenes que cambia y dejando hasta su vida.

Ahora quiere volver a ser ella, a tener su vida en sus manos, en dejar que se valla el amor. Con el dolor creado en ella, el dolor de dejar el amor será nada en comparación a todo que dejo en nombre del maldito amor. Un adiós en silencio será lo que el recibirá de ella, un adiós que se sentirá con el tiempo. Sera ella nuevamente, aprendiendo tanto del dolor que la forjara a ser mejor que lo que fue antes de ser enamorada.

Ya lejos del hogar, toma el teléfono y escribe un mensaje de texto;

"Este será lo ultimo que sepas de mí, no quiero que me vuelcas a buscar, sabrás de mi cuando llegue el divorcio. Gracias por nada y gracias por mostrarme tu verdadera cara, esa que vi tarde. Eres ese que rompiste mi corazón y algún día pagaras lo que me hiciste y yo no seré quien te lo cobre, solo el tiempo en que llegará a ti ese dolor que dejabas en mí, que será tuyo en su

momento. Ya no llorare por ti, ya no daré importancia a tus palabras y mi vida ya no la contarlas. El amor para mi es real y tu..."

Respiro con dolor en el recuerdo mientras escribe, imágenes de las mentiras que él le hiso creer y ese amor que la maltrato, continuando;

"Tu no sabes que es amar. Amas a conveniencia, amas tu persona y amas solo tus logros. Eres egoísta y siniestro, tu para mí ya no serás mas ese amor que prometí. Mi promesa fue real y la tuya... La tuya... una gran mentira."

Enviándola con tranquilidad y al final, solo bloqueo el numero de ese que fue el amor que nació y el dolor que vivió, muriendo entre las líneas de un último mensaje de texto. La tranquilidad de dejar eso que ya no es, esperando lo que quiere en este tiempo. Volver a amarse y darse una nueva oportunidad de vida en sus metas y deseos. Diciendo adiós a ese pasado, prometiéndose a ella misma, que ese pasado no influirá de mala manera en su presente futuro.

Capítulo 11

La tarde se marca en el horizonte mientras Rozzana camina en las veredas. Pasos que marcan la tranquilidad en el vaivén de su falda colorida en un ritmo que lleva la brisa cálida de la tarde. Un paso por vez. Respira con tranquilidad al mirar al infinito sin punto fijo en su andar. Contempla su mente y degusta la perdida visual del momento.

La tranquilidad en la soledad del campo, el abrazo de la brisa y el calor plasmado en la piel que emana el sol a la distancia.

Aquí se muestra una mujer que fue sufrida y fue maltratada. Hoy mas fuerte, ahora cambiando memorias, donde un pasado marco en el principio en que estuvo en el lugar y en ese mismo lugar se vive la tranquilidad que drena recuerdos de un dolor. Cada paso cambia pasos dados, cada paisaje se plasma en los paisajes viejos con nuevos sentimientos. Un momento para ella, que deja un momento que no fue de ella. Así lo decidió ella para dar por terminado el tiempo de terror que le dio esa persona a su vida. Hoy se siente ella, renaciendo de las cenizas con mas ganas de vivir y luchar por ella, dejando atrás el estado mental de la tristeza y la ambición que provocó la mentira del amor. Sin perder la capacidad de volver amar y confiar nuevamente en ese sentir en que algún día volverá a ella de una manera bella.

Al horizonte se nota un ojo que forma el sol al esconderse. La tarde se va y la noche va llegando, cada paso dado la lleva a la gran casona de la hacienda. Un día de paz, de pureza, quitando lo que le dio fortaleza.

Un cálido baño, la bata suabe que marca su figura, la copa de vino en la mesa y a lo lejos una luna llena que marca el contorno de las montañas. La música que escucha llega desde los coquíes de las praderas en una noche fresca. Extiende la mano, tomando la copa de vino, llevando la frialdad del liquido a sus labios y tomado. No quita la vista de la luna y en su mente juega con palabras, pensamientos positivos. Manipula cada sentir en su mente, reprogramando su vida emocional, dándose fortalezas y alivios emocionales. Trabajo su dolor a solas y en el último paso del dolor es en este instante; ella se hace mas fuerte por amor a ella. Muchos dolores pasaron por culpa de ella misma en confiar.

Un trago mas en que degusta el momento, cerrando los ojos, siente el latir de su corazón que refleja la tranquilidad. Un día mas terminado en que da por terminado el camino escarpado de un pasado doloroso que la llevo a otro lado de ese mismo dolor. A un estado emocional que lleva mas fortaleza en la mente y corazón.

El sol reflejado en las cortinas blancas de la habitación en que pernocto Rozana en la Hacienda Doña Ana. Un último día de estadía que disfruta, dejando en el ayer el pasado, lejos de su mente. Antes de tomar el baño ordena su café matutino.

Agua cálida que se refleja en el vapor marcado en el espejo. Su piel purifica y su mente se llena de claridad como el agua que recorre su figura. El agua refresca su cuerpo y el tiempo refresco su mente, disfrutando el toque de sus dedos al pasar el jabón.

Llega el café cálido, abre la puerta que da al barcón. Un sol cálido y brillante, el silencio corrompido por la brisa de la mañana y el aroma de un café amargo se degusta en la nariz. Una cuchara de azúcar disimula la amargura.

Ve la taza, se ríe en silencio, un toque cálido en los labios dejando pasarla amargura de apoco por miedo a quemarse. La dulzura del café cálido de la mañana la llena de alegría y el aprendizaje de que no debes de dejar que el café enfrié como las relaciones que con el tiempo se terminan, avanza a degustarlo mirando al horizonte de las praderas en que se marcan las montanas y ella degusta cada trago amargo ensalzada con azúcar. Así no dejar que se vuelva asqueroso como muchas relaciones que dejan que vivan el dolor por culpa del otro. Esa culpa de dejar que enfrié no será de ella.

Ultimo sorbo, ultimo adiós de los recuerdos. Llegando al otro lado del dolor con el corazón y el alma llena de tranquilidad.

FIN

Caras vio y corazón se escondía detrás de una gran careta que cubrió la verdadera cada de un mentiroso amor. Logrando encontrar la fortaleza en salir de manera solitaria de un dolor. Un dolor que muchas mujeres no han podido salir por miedo o; DEVILIDAD MENTAL.

Rozzana, fue empoderada, triunfadora, luchadore y más. Pero el amor la segó, las promesas la llevo a ser parte de ese dolor. Ella callo en las manos de un amor mentiroso y sin escrúpulos como muchas mujeres del mundo. Al final de todo lo que vivió, logro tener la fuerza de salir de esa mentira, viendo que tenia que tomar la decisión ella y la fortaleza emocional para lograr salir de una relación toxica y dañina.

Comprendiendo que ella tiene el control de sus sentimientos y de su mentalidad. Hoy ella es y será su gran amor. Amara con los pies en la tierra y el corazón con la mente y la razón.

Al otro lado del dolor, es el sacrificio y la fortaleza de una persona que decide salir del fondo del dolor. Vive y ama, sin dejar de amarte, sin dejar de pensar que primero tu por encima de todos. El amor es de dos y no de uno, así se prometa luchar, si esa lucha significa someter tu vida para que otro sea feliz, sal corriendo y no olvides, tu primero por encima del amor a otra persona.

"AMA,

VIVE

YSE

FELIZ"

Tu adiós dolió, pero se superó. Te llevo en mi corazón como uno de mis mejores recuerdos. Gracias por haber sido parte de mi tiempo en ese tiempo que me regalaste.

Te Amo en el tiempo en que estabas a mi lado y llevare ese te amo en el secreto profundo de mi alma.

Made in the USA
Columbia, SC
01 June 2023